Pascale Hédelin · Nancy Peña

L'incroyable aventure de Magellan à la conquête des océans

bayard jeunesse

Texte : Pascale Hédelin
Illustration : Nancy Peña, avec l'aide de Céline Baradoux
pour la réalisation des couleurs.

Bayard Éditions, 18 rue Barbès, 92120 Montrouge
Dépôt légal : janvier 2022
979-10-363-2930-2
Loi n°49-956 du 16 juillet 1949 sur les publications destinées à la jeunesse

Imprimé en France par Pollina - 41231B.

CHAPITRE 1

LE GRAND DÉPART

Enfin, le grand jour est arrivé ! En ce matin du 10 août 1519, mes cinq navires quittent fièrement le port de Séville, en Espagne. Moi, Fernand de Magellan, me voilà parti pour ce fabuleux voyage en mer. Je me suis tant battu depuis trois ans pour que ce projet aboutisse !

Là-bas sur le quai, les silhouettes de Beatriz, ma chère épouse, et de Rodrigo, mon fils, s'éloignent. Malgré ma joie, mon cœur se serre. Quand les reverrai-je ?

Enfant déjà, je ne rêvais que de voyages et d'aventures.

Il faut dire qu'à la cour de la reine du Portugal, j'ai appris très tôt à naviguer et à combattre. En toute modestie, au fil du temps je suis devenu un sacré marin. J'ai mené une foule de campagnes navales aux Indes et en Afrique. J'en ai ramené cette sale blessure de guerre qui me fait boiter. Mais gare à ceux qui se moquent !

Bref. Le but de mon voyage ? Trouver une nouvelle voie maritime à travers l'océan Atlantique, pour atteindre l'Asie et les Moluques. Ces îles regorgent d'épices, un vrai trésor. J'ai eu une idée révolutionnaire : au lieu de les atteindre par l'est en contournant l'Afrique, je veux passer par l'ouest. Par tous les diables de l'océan, j'en suis certain : il existe un passage à travers le Nouveau Monde ! Ce continent, que certains appellent « Amérique », a été découvert il y a moins de trente ans par Christophe Colomb. Le commerce que permettra cette voie plus courte enrichira l'Espagne, et les terres que je découvrirai lui appartiendront. Quant à moi, ma foi, je deviendrai riche et puissant !

Eh oui, car bien que portugais je suis au service de l'Espagne. Nos deux pays sont en rude concurrence

pour dominer le commerce maritime mondial. Mais voilà, le roi du Portugal, Manuel Ier, a refusé d'organiser mon expédition. Tant pis pour lui : j'ai convaincu le roi d'Espagne, Charles Ier*, de financer mon voyage.

Nul n'a encore tenté une telle aventure ! Malgré les cartes dont je dispose, nous nous lançons dans l'inconnu. Je sais que ce voyage sera fort long, mais... pas un mot à l'équipage.

Je dirige la *Trinidad* et commande aussi toute la flotte : la *Victoria*, le *Santiago*, le *San Antonio* et la *Concepción*.

** Charles Ier deviendra Charles Quint, souverain européen extrêmement puissant au XVIe siècle.*

Tous sont pleins à craquer de provisions : cent tonnes de biscuits, lard, farine, fromages, huile, lentilles, riz, miel... sans oublier le vin. Nous emportons aussi toutes sortes de remèdes, des armes en quantité, des outils, des ancres et cordages, de l'étoupe* pour boucher les fissures des coques... Quoi d'autre ? Ah oui, des filets et des harpons, des instruments de musique, et euh, des chaînes et des menottes pour ceux qui désobéiraient. Et bien sûr des miroirs, ciseaux, peignes, bracelets et

* *Cordages détressés et imbibés d'une sorte de goudron.*

autres objets à échanger contre des marchandises avec les indigènes que nous rencontrerons.

Le gros problème, c'est que les quatre capitaines de mes navires sont espagnols, et ils ont une dent contre moi, qui suis portugais. Je me méfie d'eux comme de la peste ! La majorité de l'équipage est espagnole. Heureusement j'ai pu recruter des Français, des Italiens, des Grecs et surtout des Portugais qui me seront fidèles.

J'oubliais : il y a aussi Enrique, mon brave esclave malais, et Antonio Pigafetta mon fidèle chroniqueur : il va noter par écrit tout ce qui se passera au cours du voyage. Ça n'a pas été facile de recruter ces deux cent trente-sept marins. Ils n'étaient guère motivés pour se lancer dans une telle expédition.

*****

Enfin nous avons atteint l'embouchure du fleuve Guadalquivir, qui nous mènera bientôt à l'océan ! Mais voilà que l'un des mousses se met à siffloter gaiement. L'imbécile ! Le maître voilier lui crie aussitôt :

– Il ne faut jamais siffler à bord, tu vas attirer le malheur sur nous !

Balivernes ! Mais dans la marine on est très superstitieux. Et ce mauvais présage jette un froid.

CHAPITRE 2

MONSIEUR LE CAPITAINE

Tout va bien. Mes navires voguent désormais dans l'océan Atlantique. Naviguer, quel bonheur ! Le fracas des vagues contre la coque, la gifle salée du vent qui fait claquer les voiles, l'horizon bleuté où le ciel et l'eau se mêlent…

Mon vaisseau est en tête. Les autres n'ont qu'à m'obéir et suivre mon sillage. J'ai décidé d'avancer d'abord plein sud et de longer la côte ouest de l'Afrique.

Ce matin, comme d'habitude, je crie mes ordres aux capitaines qui approchent leurs navires du mien. Et voilà que ça rouspète :

— Vous ne demandez jamais notre avis ni nos conseils !

— Nous ne sommes pas de simples matelots à qui l'on dit ce qu'ils ont à faire.

— Pourquoi allons-nous vers le sud, et non droit vers l'ouest ?

Par Dieu, quel culot ! Je leur cloue le bec :

— Je n'ai pas d'explications à vous donner. C'est mon expédition, oui ou non ? Cap au sud !

Et, en boitant, je file dans ma cabine, suivi par mon esclave Enrique. Au passage, je souffle à Pigafetta :

— Inutile de noter cet incident sans importance.

— Bien entendu, approuve-t-il en souriant.

Je l'aime bien ce gratte-papier, il comprend tout.

*****

Les deux semaines suivantes sont un peu difficiles. Le vent faiblit, puis s'éteint : nous n'avançons pas. J'enrage. Quant à ces satanés marins espagnols, ils me regardent de travers et sont de plus en plus désagréables.

Et voilà qu'une tempête se lève et secoue les navires comme des fétus de paille ! Mais nous tenons bon.

Un soir, le *San Antonio* vient se coller à bâbord. Sur son pont, le capitaine Cartagena me lance avec défi :

— Bien le bonsoir, monsieur le capitaine !

Quoi ? « Monsieur le capitaine » au lieu de « capitaine-général » ? Quelle offense !

Les soirs suivants, ce rat de cale continue de me narguer ainsi. Puis il ne me salue plus du tout, histoire de bien montrer son mépris devant tous. Au fond de moi, je bouillonne de rage. Il ne manquerait plus que les autres capitaines fassent de même...

Arrive le jour où Cartagena refuse d'obéir à mes ordres. Cette fois c'en est trop. Ma colère éclate. Je le fais mettre aux fers comme un vulgaire criminel. Voilà qui calme tout le monde.

*****

Nous avons viré vers l'ouest. Le 13 décembre 1519, quatre mois après notre départ, nous atteignons l'Amérique*. La baie et ses collines pointues sont splendides, et cette halte est bienvenue. Les indigènes

* *Plus précisément : l'actuel Brésil et la baie de Rio.*

sont charmants. Nos cuirasses, que nous avons revêtues par prudence malgré la chaleur suffocante, les fascinent.

Mes hommes pêchent, se régalent de cannes à sucre, de « batates* » et de ces étranges fruits qui ont l'air de grosses pommes de pin*. Ils troquent hameçons, peignes et clochettes contre poules, oies et perroquets. Ils se divertissent aussi beaucoup avec les jeunes femmes, qui n'ont que leur chevelure pour vêtement.

Enthousiaste, Pigafetta note tout. Un soir cependant il vient me confier en frémissant :

— J'ai appris que nos hôtes sont parfois cannibales !

** Il s'agit des patates et des ananas, encore inconnus en Europe.*

– Ma foi, lui dis-je en riant, tant qu'ils ne nous trouvent pas à leur goût, ça ne me dérange pas !

Après treize jours de repos et ravitaillement, il est temps de repartir, ma mission ne peut pas attendre.

Nous passons les semaines suivantes à longer la côte vers le sud. La chaleur est lourde et humide. Je scrute sans cesse la côte et ses jungles touffues.

D'après mes calculs, mon fameux passage ne devrait plus être loin… Le 12 janvier 1520, mon cœur s'affole : face à nous, s'ouvre une immense baie qui s'étend vers l'ouest au cœur des terres. Les eaux y sont étrangement boueuses. Malgré ma patte raide, je saute de joie :

– Le voilà, nous l'avons trouvé, hé hé !

– Hourra ! s'écrient mes hommes, ravis.

CHAPITRE 3

TRAÎTRISE ET NAUFRAGE

Vite, j'envoie trois navires explorer la baie. Hélas, quelle déception ! Ce n'est que l'embouchure d'un fleuve*. Mes calculs sont faux, les cartes et les informations secrètes qu'on m'a fournies aussi. Où est-il donc, ce passage vers la mer du Sud ? Malgré tout, j'affirme bien fort :

– Bah, nous ne devons pas être loin. Hissez haut ! Nous continuons vers le sud.

Toutefois le sud ne signifie pas la chaleur, au contraire nous nous dirigeons droit vers les régions polaires...

** Actuel Rio de la Plata.*

Ma parole, il fait terriblement froid, et le paysage devient sinistre. La côte est nue et vide, on aperçoit juste quelques phoques et pingouins* sur les rochers. Durant des semaines, nous naviguons lentement afin d'inspecter ces rivages plats de près. Nous explorons la moindre baie, en vain : toujours pas de passage vers l'ouest. Plusieurs tempêtes se succèdent, qui nous secouent méchamment.

Je sens monter l'inquiétude et le mécontentement de l'équipage. J'en entends marmonner dans mon dos :

– Jusqu'où il nous emmène ?

– Vous voyez bien qu'il ne connaît pas le chemin !

– J'en ai assez de ce pays perdu et froid comme la mort.

Régulièrement, je tente de les rassurer :

– Courage, tenez bon mes gaillards, nous y arriverons, je vous le promets.

En réalité, je commence moi-même à douter de l'existence de ce passage à travers les terres... Mais pas question de faire marche arrière : reconnaître mon erreur me ferait perdre toute autorité, et alors gare à la mutinerie** !

** Ce sont en fait des manchots.*

*** Révolte de l'équipage.*

À propos de mutinerie, les capitaines restent étrangement silencieux et leurs regards sombres ne me disent rien qui vaille...

*****

Deux mois ont passé, cela suffit. Ici, dans l'hémisphère sud, les saisons sont inversées et l'hiver va commencer, il faut s'abriter. Aussi, le 31 mars, je décide de faire halte. Nous allons passer la mauvaise saison dans cette nouvelle baie du bout du monde, que je nomme San Julián. Inutile de consulter quiconque, je sais ce que j'ai à faire.

Hélas ! Il fait un temps à vous geler le cœur. Plusieurs hommes sont morts de froid. Que Dieu ait leur âme !

À bord, la fatigue, la peur et la tension sont à leur comble. Mes marins n'en peuvent plus et l'idée de rester immobilisés dans ce monde inconnu les affole. Certains croient que des monstres géants vont surgir des glaces et les dévorer… Ils sont même persuadés que la mer peut se mettre à bouillir une fois passé l'équateur !

Par précaution, je suis hélas obligé de diminuer les rations de nourriture. L'hivernage puis le voyage seront encore longs, il faut en garder suffisamment pour la suite. Mais les hommes ne comprennent pas ma décision, la colère gronde :

– Il veut nous affamer, on va tous passer l'arme à gauche !

– On devait gagner les Moluques, le soleil… pas l'océan Glacial.

– On n'y arrivera jamais, retournons chez nous !

Évidemment, je refuse. Mais voilà qu'en avril, c'est la mutinerie ! Une nuit, en cachette, une partie des marins espagnols met tous les Portugais aux fers. Trois capitaines – Cartagena libéré depuis longtemps, Quesada et Mendoza – me traitent de tyran. Moi, tyran ? Incroyable ! Ils exigent des explications sur mes intentions, veulent parlementer.

Ils vont voir comment je parlemente…

Heureusement, j'ai des alliés à bord, même parmi les Espagnols. Espinosa, qui maintient l'ordre, réunit des hommes et poignarde à mort Mendoza. Un de moins.

Cette manœuvre affaiblit les mutins. Beaucoup parmi eux font volte-face et lâchent leurs capitaines. Ils savent que je n'aurai aucune pitié face à leur révolte, de plus leur roi m'a donné sa confiance. Quesada est capturé. Il a droit à un procès à bord. Sentence : la mort, par décapitation. Deux de moins.

Quant à Cartagena, bien que meneur de la révolte, je ne peux me résoudre à le mettre à mort car il est très proche du roi. Nous l'abandonnons à terre avec un prêtre complice et quelques vivres. Qu'ils se débrouillent !

Les autres mutins sont épargnés. À vrai dire, j'ai besoin de tous les hommes pour la suite du voyage...

Le calme revient. Mais attention, rien de plus dangereux que des matelots mécontents et désœuvrés. Pour les occuper pendant les cinq mois de halte hivernale, je leur fais remettre en état les navires, qui ont pas mal souffert. Voiles, vergues, mâts, cabestans, coques, ponts... tout y passe.

Un beau jour, Pigafetta m'alerte :

— Capitaine-général, regardez, là-haut sur la colline !

Quelle étrange vision… Des géants nous font des signes amicaux ! Vêtus de peaux de bêtes, ils ont des pieds énormes. Ils rient et semblent très doux. Nous les surnommons Patagons, et ce pays quasi désert : Patagonie. Ils montent à bord, nous leur proposons des cadeaux… et nous les emprisonnons, pour les offrir en présent au roi à notre retour.

Peu après, j'envoie le *Santiago* explorer plus au sud à la recherche du passage. Hélas, nous essuyons une nouvelle tourmente et le *Santiago* fait naufrage ! Par chance, presque tout l'équipage est récupéré sain et sauf.

Enfin, le 24 août 1520, nous quittons la baie de San Julián. Nous ne devons plus être loin de la pointe extrême du continent. Presque le bout du monde ! Mais une année s'est écoulée, nous avons perdu un navire et l'emplacement du passage reste un mystère…

CHAPITRE 4

ENFIN LE PASSAGE !

Encore et toujours, nous poursuivons notre route vers le sud, le long de la côte déserte, couverte de maigres steppes. Mais décidément, l'hiver est trop rude. Au bout de deux jours seulement, le 26 août, j'ordonne une nouvelle halte. L'embouchure de ce petit fleuve bleuté me semble parfaite.

Nous y restons deux mois, transis de froid. Certains soirs, seul dans ma cabine, je l'avoue : je pleure. Je pleure de contrariété, d'épuisement, de désespoir... Mon Dieu, aidez-moi ! Mais dès qu'on toque à ma porte, je reprends le dessus et ne laisse rien paraître. Souvent aussi, je songe à Beatriz, ma tendre épouse, et à mon petit Rodrigo. Ils me manquent tellement... Quelle folie, ce voyage !

L'attente est interminable. Toutefois, la nature, si rude et sauvage par ici, nous offre par moments de magnifiques spectacles. Des troupes de dauphins viennent s'ébattre à la proue de la *Trinidad*. Au loin, des baleines soufflent et plongent dans un bouillon d'écume. Des pingouins se dandinent sur la rive enneigée.

Bientôt l'air se fait plus doux. Le printemps approche. Le 18 octobre, après la messe, j'ordonne le départ.

Après quelques jours, nous découvrons une étrange baie, profonde, aux eaux noires cernées de falaises abruptes et de pics coiffés de neige.

J'envoie le *San Antonio* et la *Concepción* en exploration.

— Impossible qu'un endroit aussi sinistre mène à la mer du Sud, protestent les pilotes.

Je leur promets :

— C'est le dernier essai.

Quatre journées s'écoulent, au cours desquelles nous subissons des coups de vent furieux qui manquent de

nous précipiter sur les rochers. Je crains fort que les deux autres navires aient coulé…

Soudain, du haut de la hune*, la vigie s'écrie :

— Navires en vue, les revoilà !

Au même instant, les nefs qui reviennent tirent trois coups de canon. C'est le signal ! Victoire, ils ont trouvé le passage vers l'ouest ! J'en pleure de joie.

Les capitaines m'expliquent que la baie s'ouvre sur un long canal qui mène à une seconde baie qui s'élargit… et dont les eaux sont salées. De l'eau de mer ! Cette fois, ce n'est pas un fleuve.

* *Plateforme en haut d'un mât servant de poste d'observation.*

Je commande :

– Levez l'ancre, hissez les voiles !

Nous nous engageons dans le passage, « mon » passage. Mais quel triste paysage ! L'eau et le ciel sont sombres, il règne un silence d'outre-tombe et rien ne semble vivant, à part un requin qui nous suit. Encore un mauvais présage pour mes marins superstitieux.

Toutefois, des indigènes doivent habiter ces lieux désolés, car le soir, là-bas le long des côtes, des feux brillent dans l'obscurité. C'est pourquoi nous baptisons cet endroit la « Terre de Feu ».

Malheureusement, la traversée est horriblement ardue. Ce détroit est un vrai labyrinthe déployé sur plus de trois cents milles marins*. Il y a des baies à perte de vue, des voies partent de tous côtés, beaucoup finissent en culs-de-sac... Il nous faut tout explorer pour en trouver l'issue, et sonder sans cesse pour contrôler la profondeur de l'eau. De plus le brouillard se lève et noie tout. À chaque instant, nous risquons de nous échouer sur les hauts-fonds, aux rochers tranchants cachés sous la surface.

Les semaines passent. Nous sommes épuisés. Malgré mes précautions, les vivres ont beaucoup diminué.

— Par tous les saints, protégez-nous ! gémit le charpentier.

Même Enrique, mon esclave si résistant, s'affaiblit. Il reste des heures le regard dans le vague. Lui qui vient de Malacca**, comme son doux pays doit lui manquer... À propos, si je meurs je veux qu'il soit libre, je l'ai écrit dans mon testament.

*****

Et voilà qu'au matin du 8 novembre, stupéfaction : le *San Antonio*, le plus grand de mes navires, déserte !

** Six cents kilomètres de long, soit presque la distance entre Paris et Toulouse. ** Port de Malaisie, en Asie du Sud-Est.*

Ce traître de capitaine Gomes a réussi à convaincre l'équipage de retourner en Espagne, où ces lâches vont sûrement m'accuser de tous les maux.

Je suis ébranlé par cette désertion, mais je me dois d'être fort une fois de plus pour tenir mes hommes.

Durant un mois, je dirige la traversée du détroit avec une extrême prudence. Un beau matin, des poissons volants s'abattent sur le pont de nos navires, et nous les dévorons grillés avec délice. Puis, peu à peu, les rochers déserts font place à des prairies fleuries.

Un matin, nous accostons et trouvons à terre de quoi nous rassasier : de l'eau, des fruits, nous chassons le cerf, ainsi que des sortes de lièvres*... Quelle joie !

Peu après, le 28 novembre, le miracle a enfin lieu : nous débouchons dans la mer du Sud. C'est magnifique !

* *Il s'agit de maras, proches des cobayes.*

CHAPITRE 5

L'OCÉAN PACIFIQUE

Je suis heureux et fier de moi. Cette mer du Sud dont on parlait tant, nul en Europe n'y a encore navigué, je suis le premier. Cap au nord le long des côtes de Patagonie, dominées de glaciers majestueux, puis plein large, à l'ouest, vers le tropique du Capricorne. Les Moluques ne doivent plus être loin.

Mais plus les semaines passent, plus je m'étonne : cette mer est immense, un véritable océan ! Et très calme. C'est décidé... je vais la baptiser « océan Pacifique ».

Elle est même trop calme, il n'y a pas de vent, mes trois navires n'avancent plus. Et quelle chaleur : ici le soleil est de plomb !

*****

Voilà maintenant deux mois que nous sommes sur ces flots. Je n'aurais jamais cru que ce soit si long ! Nous n'avons plus de provisions, les rares biscuits sont infestés de vers. Et pas une île à l'horizon pour se ravitailler. Nous mangeons n'importe quoi : des rats, de la sciure, le cuir des vergues… Le peu d'eau qui nous reste dégage une puanteur insupportable. Des hommes sont atteints du scorbut*, cette saleté de maladie. D'autres meurent de faim et de soif, dont l'un des Patagons. Certains croient voir des îles merveilleuses où coulent des sources, mais ce sont des mirages. Moi aussi, je suis à bout de forces.

— Le malheur est sur nous, je le savais ! gémit le maître voilier.

*****

Enfin, après trois mois et vingt jours, le 6 mars 1521 la vigie s'écrie : « Terres en vue ! », Dieu soit loué ! À peine

** Maladie mortelle due au manque de vitamine C, présente dans certains fruits et légumes.*

avons-nous jeté l'ancre dans la baie que des indigènes viennent nous voir dans d'étranges barques aux voiles en feuilles de palmier. Ils montent à bord. Ils ne sont pas agressifs, mais ils s'emparent de tout ce qui leur tombe sous la main, et emmènent le canot de la *Trinidad*. Quel culot, ils vont voir de quel bois je me chauffe ! Le lendemain, nous les criblons de flèches et brûlons leurs cases. Nous récupérons le canot et en profitons pour emporter de l'eau, des fruits, des poulets, des porcs... Adieu, îles des Voleurs* !

** Actuelles Îles Mariannes.*

En poursuivant vers l'ouest, nous atteignons un nouveau chapelet d'îles, fort belles, bordées de sable blanc et de palmiers. Enfin les Moluques ? Hélas non, mais elles sont bienvenues et les indigènes accueillants. Ici, repos, eau fraîche et nourriture en échange de clochettes et autres bibelots.

Comme il est prévu dans mon contrat, ces terres* que j'ai découvertes appartiennent désormais au roi d'Espagne. Et j'en deviens le gouverneur. C'est enfin la gloire assurée pour moi !

*****

Nous abordons d'autres îles. Fin mars, sur l'une d'elles, surprise : Enrique, mon esclave malais, s'aperçoit que les habitants parlent sa langue.

– Mon pays n'est donc pas loin, me dit-il très ému.

Exact, c'est par ici qu'il a dû être capturé autrefois. Incroyable : si je comprends bien, Enrique a fait le tour du monde ! En tout cas, maintenant il va nous servir de traducteur, ce qui m'aidera à faire des affaires.

Sur l'île de Cebu, le sultan, Humabon, accepte de faire alliance : il nous échange de l'or contre du fer. L'or pour

* *Futures Philippines.*

ce peuple a bien moins de valeur que ce métal dont ils pourront faire des outils et des armes. Excellente affaire !

Je réussis même à convaincre Humabon de se faire baptiser, au cours d'une grande cérémonie. Il a compris que notre Dieu est très puissant et nous protège. Comme lui, beaucoup d'indigènes deviennent chrétiens. Quelle fierté pour l'Espagne !

Pour le mettre définitivement dans ma poche, j'annonce à Humabon, que j'ai officiellement renommé Carlos :

– Grâce à votre alliance avec l'Espagne, vous voilà le plus puissant souverain des îles. Aussi je vous offre mon aide contre quiconque oserait s'opposer à vous.

Justement, c'est le cas de Silapulapu, le sultan d'un îlot, Mactan. Le 26 avril 1521, je me rends à Mactan avec une poignée d'hommes bien armés. Je vais lui donner une bonne leçon. Facile, contre des indigènes armés de simples lances !

Mais, tout de même, je m'interroge : ils sont très nombreux, un millier peut-être... Cette attaque est-elle vraiment une bonne idée ?

ÉPILOGUE

LE TOUR DU MONDE

C'est moi, Antonio Pigafetta, qui raconte désormais. Car notre bien-aimé amiral, Fernand de Magellan, est mort percé de flèches par les indigènes, sur l'île de Mactan.

Il ne verra jamais les îles aux Épices dont il rêvait tant !

D'autres hommes ont perdu la vie au cours de la bataille, d'autres encore ont été piégés et capturés par Carlos-Humabon lui-même. Furieux que certains de nos marins aient agressé des femmes de son peuple, et découvrant que nous ne sommes pas invincibles, il s'est retourné contre nous. J'ai été blessé mais m'en suis sorti. Nous avons vite levé l'ancre. Enrique, lui, a disparu. Il nous a abandonnés, probablement pour tenter de rentrer chez lui.

Le 6 novembre 1521, enfin, nous parvenons aux Moluques. Nous n'avons plus que deux navires. La *Concepción*, en trop mauvais état, a été brûlée et abandonnée.

Quel magnifique paysage ! Des eaux cristallines, des volcans, des oiseaux multicolores et des papillons géants... sans parler des habitants, d'une grande douceur. Je passerais volontiers des mois à tout observer.

Nous nous méfions des Portugais qui se trouvent ici : ce sont nos concurrents, nos adversaires même. Mais tout se passe bien, ils ne nous remarquent pas.

Le sultan Almansor nous reçoit en toute amitié et signe avec nous un excellent traité de commerce. Résultat : nos cales sont pleines d'une belle cargaison d'or et d'épices, surtout des clous de girofles : une fortune !

Il est temps de regagner l'Espagne. Mais la *Trinidad*,

qui prend l'eau, doit rester là avec son équipage pour être remise à flot. Le cœur lourd, nous laissons nos compagnons.

Je navigue à bord de la *Victoria*, en triste état également. Dirigée par le capitaine Elcano, qui avait soutenu les mutins contre Magellan, elle poursuit sa route vers l'ouest sur l'océan Indien.

Ce chemin de retour est une terrible épreuve. Le navire gémit de toutes parts et prend l'eau. Nous souffrons de la famine car au fil des semaines les

réserves de viande pourrissent, et l'eau se fait rare. Dire que nous transportons sept cents quintaux d'épices*... qui ne peuvent pas nous nourrir.

Les hommes sont brisés de fatigue. Au cours des neuf mois de traversée, beaucoup meurent.

La *Trinidad,* quant à elle, a tenté de revenir en arrière et de traverser à nouveau l'océan Pacifique pour rallier l'Espagne... Mais elle est tombée aux mains des Portugais.

*****

Lorsqu'enfin, le 6 septembre 1522, nous atteignons l'Espagne après plus de trois ans d'absence, nous ne sommes plus que vingt et un survivants sur les deux cent trente-sept membres d'équipage au départ. À Séville, l'accueil est triomphal, la foule et le roi sont stupéfaits. On nous croyait morts depuis longtemps !

Quel exploit ! Nous avons fait le tour du monde et accompli le plus grand voyage en mer de notre époque. Et cela grâce à Magellan. C'est une réussite, mais à quel prix !

* *Soit soixante-dix tonnes.*

UN VOYAGE EXCEPTIONNEL

Grâce à la volonté de fer de Magellan, et malgré les pires difficultés, cette expédition a réussi l'exploit de faire le tour du monde, pour la première fois de l'Histoire !

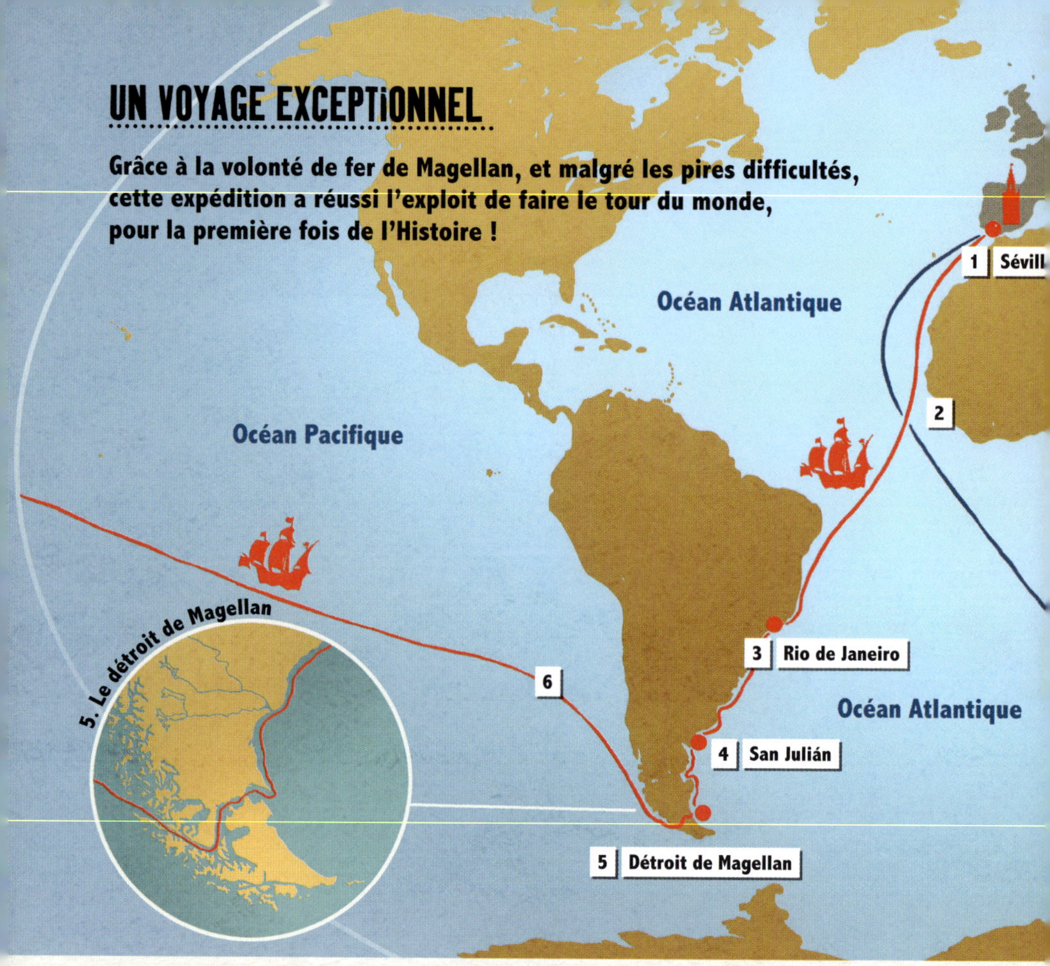

1. Départ de Séville, en Espagne
Le 20 septembre 1519, cinq nefs menées par Magellan s'élancent sur l'océan Atlantique pour trouver une nouvelle voie maritime vers les îles aux Épices, en Asie.

2. L'océan Atlantique
L'expédition longe l'ouest de l'Afrique, puis direction l'Amérique du Sud. La *Trinidad* mène, mais les navires ont du mal à se suivre, car chacun a une taille et une vitesse différentes.

3. Halte au Brésil
Le 13 décembre 1519, les navires s'arrêtent à Rio de Janeiro, en zone espagnole. Puis ils longent la côte vers le sud, à la recherche d'un passage à travers le continent.

4. Exploration
Du 12 janvier au 7 février 1520 : exploration d'une baie, qui est en fait l'embouchure du fleuve Rio de la Plata. Les navigateurs hivernent à San Julián du 31 mars au 24 août 1520. Une mutinerie est matée par Magellan, et le *Santiago* fait naufrage.

5. Le détroit
Le 21 octobre, la voie est découverte ! C'est un vaste et dangereux labyrinthe. Le 8 novembre, le *San Antonio* déserte et retourne en Espagne avec 57 hommes à bord.

6. Le Pacifique
Le 28 novembre 1520, les trois navires restants sortent du détroit et pénètrent dans la mer du Sud, baptisée par Magellan « océan Pacifique » car elle est calme et gigantesque.

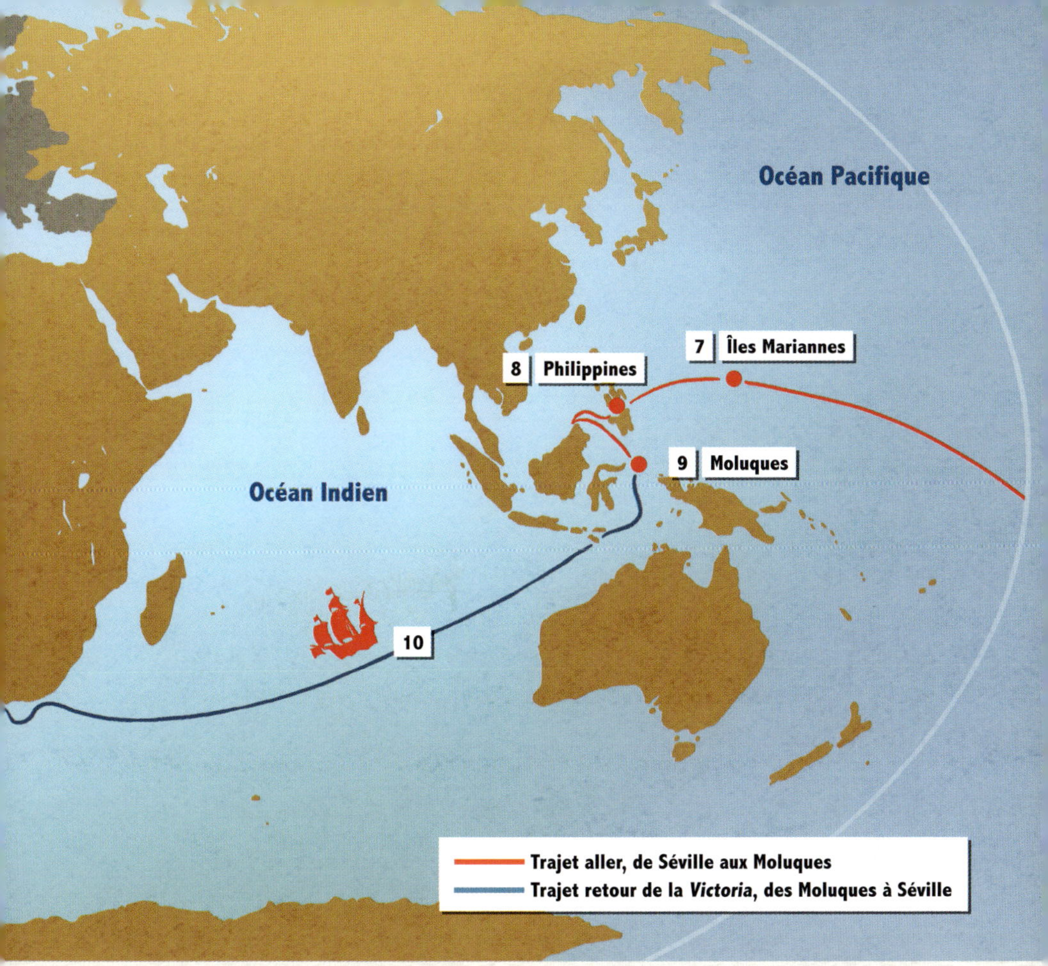

7. Les îles Mariannes

Atteintes le 6 mars 1521, elles sont surnommées îles des Voleurs car leurs habitants pillent les navigateurs.

8. Les Philippines

Le 16 mars, des accords commerciaux sont signés avec le sultan Humabon et le 27 avril, Magellan meurt à Mactan, au cours d'une de ses batailles. Début mai, 26 hommes sont massacrés à Cebu. Puis le navire *Concepción*, en trop mauvais état, est brûlé.

9. Enfin, les Moluques !

Le 8 novembre 1521, la *Victoria* et la *Trinidad* gagnent enfin Tidore, aux Moluques. Grâce au troc, le plein d'or et d'épices est fait.

10. Le retour par l'ouest

La *Victoria*, repart le 21 décembre vers l'ouest. En avril 1522, la *Trinidad* tente de rentrer par le chemin de l'aller mais cinq mois plus tard, elle tombe aux mains des Portugais. La *Victoria* regagne l'Espagne le 6 septembre 1522. Il ne reste plus que 21 marins à bord.

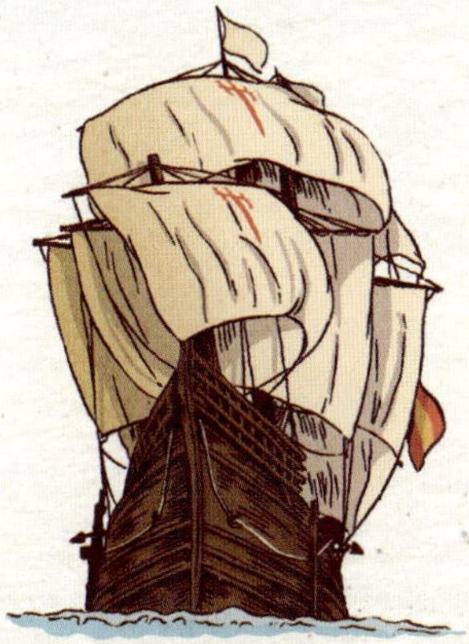

NAVIGUER À L'ÉPOQUE DE MAGELLAN

Explorer le monde en parcourant les océans, quelle aventure ! Il fallait aux marins beaucoup de courage, de détermination et de curiosité pour entreprendre de tels voyages vers l'inconnu, avec les moyens de l'époque.

Solides nefs

Les cinq navires de Magellan sont des nefs. De taille modeste, larges et hauts, ils sont moins rapides que les caravelles de Christophe Colomb, mais très robustes. Parfaits pour un voyage si long et difficile !

Vive les vents !

Comme tous les navires au XVIe siècle, la nef avance grâce au vent qui souffle dans les voiles. Pour cela, elle doit avoir le vent dans le dos. Heureusement, on connaît déjà les alizés, qui soufflent fort vers l'ouest. De quoi envisager de traverser les océans Atlantique ou Pacifique.

Précieux instruments

L'arbalète et l'astrolabe permettent de mesurer l'angle entre l'horizon et le Soleil ou l'étoile Polaire, qui indique le nord. Les marins peuvent ainsi calculer la latitude du navire : c'est sa position par rapport à l'équateur, une ligne imaginaire qui encercle la Terre en son milieu.

La boussole

Inventée par les Chinois de l'Antiquité, elle est constituée d'un cadran sur lequel une aiguille aimantée mobile pointe toujours vers le nord. Dès le XIIe siècle, les navigateurs européens l'utilisent pour s'orienter. Un instrument pratique mais peu précis ! On dit qu'on navigue « à l'estime ».

Quelle vitesse ?

Un morceau de bois, le loch, est lancé à l'eau depuis le navire. Il est attaché à une corde portant des nœuds placés à distance régulière. Le nombre de nœuds déroulés pendant un certain temps permet d'évaluer la vitesse, non pas en km/h mais en nœuds.

Des indices

Dans des mers inconnues, de simples branches à la dérive ou des oiseaux marins peuvent signaler qu'une côte est proche. Par exemple : les frégates, des oiseaux de mer, ne se posent jamais sur l'eau.

Les équipages

Les navires de Magellan ont entre 30 et 60 membres d'équipage, dont beaucoup sont attirés par l'argent et la gloire. Le maître voilier est responsable de l'état des voiles, l'alguazil est le chef de la police, le coq cuisine, le mousse fait les corvées. Le prêtre dit la messe. Le chroniqueur décrit ce qui se passe à bord et les découvertes. Le capitaine, bien sûr, est maître à bord !

La vie à bord

Elle est très dure : froid, chaleur, tempêtes, famine, accidents...
Les hommes d'équipage dorment entassés sous le pont. Ils manquent d'hygiène. Quand le vent tombe, le navire n'avance plus et l'ennui guette. Les marins jouent alors aux cartes, font de la musique, sculptent du bois ou chassent les rats qui grignotent les cordages.

Repas de marins

Lors des longues traversées, la nourriture fraîche est difficile à conserver, sans réfrigérateurs ni conserves ! Les fruits et légumes pourrissent vite, la viande doit être salée et enfermée dans des barils. L'eau croupit au fond des tonneaux. Très précieux : les biscuits de marin. Durs et secs, ils se conservent longtemps... mais sont souvent envahis de vers !

Une fortune !

Préparer l'expédition de Magellan a coûté 22 225 ducats, l'équivalent de 78 kilos d'or. Il a fallu acheter les cinq nefs et les mettre en état, réunir les vivres et le matériel nécessaire, payer les marins et les capitaines, sans oublier Magellan.

LE TEMPS DES EXPLORATEURS

Pour les Européens, la grande époque des explorations maritimes a lieu aux XVe et XVIe siècles. Des navigateurs audacieux se lancent vers l'inconnu, en quête de gloire, puissance et richesse pour eux et leurs pays.

La Renaissance

À l'époque de Magellan, l'Europe est en pleine Renaissance. Au cours de cette période qui marque le début des temps modernes, les arts et les sciences s'épanouissent, les voyages, les colonies et les échanges commerciaux se développent. Charles Quint, roi d'Espagne et empereur romain germanique, est le souverain le plus puissant d'Europe.

Moitié-moitié

L'Espagne et le Portugal sont en forte concurrence sur les mers. Pour éviter des conflits armés, en 1494, ils se partagent le monde. À l'ouest d'une ligne verticale qui traverse l'Amérique du sud, la zone est espagnole. À l'est, elle est portugaise. Chacun se réserve les découvertes et le commerce établis dans sa zone.

Plusieurs buts

Si les monarchies et les grosses compagnies commerciales financent ces folles expéditions, c'est surtout pour faire du commerce. C'est aussi l'occasion de mieux connaître le monde, étendre l'influence de sa religion et coloniser des territoires.

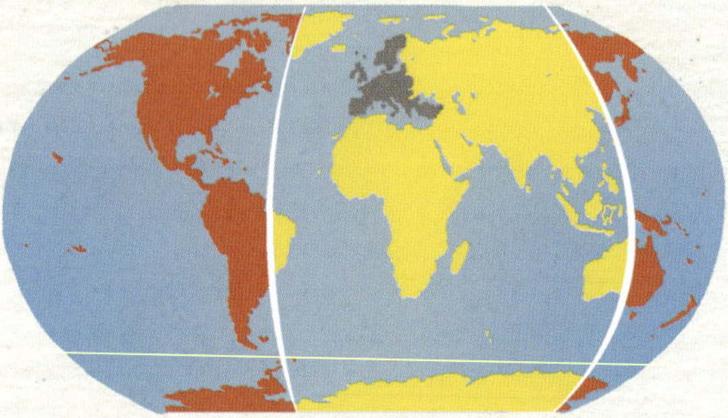

Zone principalement sous domination espagnole

Zone principalement sous domination portugaise

Premiers : les Portugais

Dès le XVe siècle, les Portugais explorent les côtes ouest de l'Afrique. Henri le Navigateur en fait tracer des cartes. Bartolomeu Dias contourne le cap de Bonne-Espérance au sud et atteint l'océan Indien. Vasco de Gama, lui, gagne l'Inde pour la première fois par les mers. Il ouvre la voie au commerce maritime avec l'Asie.

Christophe Colomb

En 1492, cet Italien au service de l'Espagne traverse l'océan Atlantique. Il cherche une voie par l'ouest pour atteindre la Chine, le Japon et les Indes, qu'il croit proches. Sans le savoir, il découvre en fait un nouveau continent, l'Amérique, qui sera bientôt colonisé par les Européens.

Épices et compagnie

À l'époque, les riches Européens raffolent de produits asiatiques. Soie, pierres précieuses, or et épices valent des fortunes ! Poivre, cannelle, muscade, clous de girofle… assaisonnent les plats, souvent fades, conservent la nourriture et servent de médicaments.

La Terre est ronde

Au temps de Magellan, on sait que la Terre est ronde, mais on la croit plus petite qu'en réalité. On sait aussi que mers et océans communiquent. On connaît bien les contours de l'Europe, de l'Afrique, d'une partie de l'Asie, mais on ignore la taille et la forme de l'Amérique.

Précieuses cartes

Dès le XIIIe siècle, les Italiens commencent à tracer des cartes de navigation, les portulans. Soigneusement dessinées sur des feuilles en peau d'agneau, elles indiquent les courants, les récifs, les caps à suivre pour naviguer en sécurité. Elles sont améliorées au fil des explorations. Magellan possédait 24 cartes pour préparer son voyage.

Superstitions

Autrefois, les marins étaient très superstitieux. Montrer du doigt un arc-en-ciel, siffler à bord, prononcer le mot corde ou lapin, portaient malheur. À l'inverse, la peau de bouc ou le morceau de charbon étaient protecteurs. On croyait aussi que les mouettes étaient habitées par l'âme d'un marin mort en mer.

Gare aux monstres !

Il y a 500 ans, bien que les sciences évoluent, le milieu marin est très mal connu et fait peur. On croit qu'au grand large, la mer n'a pas de fond et que des monstres marins rôdent : serpents de mer et crustacés géants, sirènes, licornes de mer, créatures mi-hommes mi-poissons…

APRÈS MAGELLAN

Le voyage de Magellan a aidé à mieux connaître la Terre, et il a ouvert la voie aux futurs tours du monde.

Le détroit de Magellan

En inspectant les côtes d'Amérique du Sud, Magellan en a précisé les contours, peu connus alors. Le passage vers l'ouest qu'il a découvert, désormais appelé détroit de Magellan, a été peu emprunté par la suite car trop de navires s'y sont échoués. Mais cet exploit a permis à l'Espagne d'étendre son empire et de s'enrichir.

Le monde se précise

Grâce à Magellan, on connaît mieux les dimensions de la Terre. On la représente désormais sur un globe. La taille gigantesque de l'océan Pacifique se précise. Les distances et les routes deviennent plus faciles à calculer à l'avance.

Enrique star

Enrique, l'esclave malais de Magellan, est probablement le premier homme à avoir fait le tour du monde. De nos jours, il est considéré comme un héros en Malaisie et aux Philippines. Romans, films et statues lui rendent hommage.

D'autres tours du monde

De 1577 à 1580, le corsaire anglais Francis Drake effectue le deuxième tour du monde, en contournant la pointe de l'Amérique du Sud. Il affronte les Espagnols et pille leurs trésors. D'autres explorateurs suivront au XVIe et XVIIIe siècles, dont le Français Louis-Antoine de Bougainville entre 1766 et 1769, lors d'une grande expédition scientifique.